Q／CRCC 33308—2024

# 目　次

# 前　言

本文件按照 GB/T 1.1—2020《标准化工作导则　第 1 部分:标准化文件的结构和起草规则》的规定起草。

本文件由中国铁建股份有限公司提出。

本文件由中国铁建股份有限公司归口。

本文件起草单位:中国铁建重工集团股份有限公司。

本文件主要起草人:唐丽、苏翠侠、李宁、郝蔚祺、蒋荣国、罗震、吴文杰、李增阳、许森森、阳艳玲、胡小勇、谭元键、林志文、蒋红亮、刘志超。

# 山地轨道交通齿轨道岔制造技术条件

## 1 范围

本文件规定了山地轨道交通齿轨道岔的分类与组成,技术要求,检验方法,检验规则,标志、包装、储存和运输。

本文件适用于直、侧向容许通过速度不大于 40km/h 的覆盖可分式、摆动式山地轨道交通齿轨道岔。

## 2 规范性引用文件

下列文件中的内容通过文中的规范性引用而构成本文件必不可少的条款。其中,注日期的引用文件,仅该日期对应的版本适用于本文件;不注日期的引用文件,其最新版本(包括所有的修改单)适用于本文件。

GB/T 699　优质碳素结构钢

GB/T 700　碳素结构钢

GB/T 1184—1996　形状和位置公差　未注公差值

GB/T 1231　钢结构用高强度大六角头螺栓、大六角螺母、垫圈技术条件

GB/T 1348　球墨铸铁件

GB/T 1804—2000　一般公差　未注公差的线性和角度尺寸的公差

GB/T 3077　合金结构钢

GB/T 6394—2017　金属平均晶粒度测定方法

GB/T 6414—2017　铸件　尺寸公差、几何公差与机械加工余量

GB/T 6461—2002　金属基体上金属和其它无机覆盖层　经腐蚀试验后的试样和试件的评级

GB/T 7244　重型弹簧垫圈

GB/T 9439　灰铸铁件

GB/T 9440　可锻铸铁件

GB/T 10125　人造气氛腐蚀试验　盐雾试验

GB/T 10561—2023　钢中非金属夹杂物含量的测定　标准评级图显微检验法

GB/T 11352　一般工程用铸造碳钢件

GB/Z 10096—2022　齿条精度

JB/T 4385.1　锤上自由锻件　通用技术条件

TB/T 412　标准轨距铁路道岔

TB/T 447　高锰钢辙叉

TB/T 1346　木枕用道钉

TB/T 2344.1　钢轨　第 1 部分:43kg/m～75kg/m 钢轨

TB/T 2344.2　钢轨　第 2 部分:道岔用非对称断面钢轨

TB/T 2344.3　钢轨　第 3 部分:异型钢轨

TB/T 2345　43kg/m～75kg/m 钢轨接头夹板订货技术条件

TB/T 2347　钢轨用高强度接头螺栓与螺母

TB/T 2927　高分子材料钢轨绝缘件

TB/T 2975　钢轨胶接绝缘接头

TB/T 3065　弹条Ⅱ型扣件

TB/T 3080　有砟轨道混凝土岔枕

TB/T 3110　33kg/m 护轨用槽型钢

TB/T 3172　防腐木枕

TB/T 3297　高速铁路岔区轨枕埋入式无砟轨道预应力混凝土岔枕

TB/T 3307.2　高速铁路道岔制造技术条件　第2部分:T型螺栓

TB/T 3307.3　高速铁路道岔制造技术条件　第3部分:垫板螺栓

TB/T 3307.4　高速铁路道岔制造技术条件　第4部分:轨距块

TB/T 3307.7　高速铁路道岔制造技术条件　第7部分:预埋塑料套管

TB/T 3307.9　高速铁路道岔制造技术条件　第9部分:调高垫板

TB/T 3467　合金钢组合辙叉

YB/T 4974　热轧钢轨枕

## 3　术语和定义

下列术语和定义适用于本文件。

### 3.1
**山地轨道交通**　mountain rack rail transit

适用于山地环境,服务于旅游景区内部、景区之间以及沿线主要城镇客流,可满足40‰~480‰最大坡度的低运量轨道交通系统。

### 3.2
**齿轨**　rack rail

与齿轨车辆转向架上驱动齿轨轮相互啮合的固定铺设于轨道上的齿形轨。

### 3.3
**齿轨道岔**　rack rail turnout

在道岔轨道中间增设齿轨,使齿轨车辆从一股轨道转入另一股轨道的线路连接设备。

### 3.4
**覆盖可分式齿轨道岔**　track-covered detachable rack rail turnout

在齿轨与导曲线钢轨交叉处,齿轨覆盖钢轨且绕固定枢轴转动,实现齿轨车辆从一股轨道转入另一股轨道的齿轨道岔。

### 3.5
**摆动式齿轨道岔**　swing rack rail turnout

通过钢轨与齿轨的整体摆动实现齿轨车辆从一股轨道转入另一股轨道的齿轨道岔。

### 3.6
**局部摆动式齿轨道岔**　partical swing rack rail turnout

在齿轨与导曲线钢轨交叉处,钢轨与齿轨整体绕固定枢轴进行摆动,实现齿轨车辆从一股轨道转入另一股轨道的齿轨道岔。

### 3.7
**整体摆动式齿轨道岔**　integral swing rack rail turnout

钢轨和齿轨固定成整体,形成弹性可弯件进行摆动,可与线路直股或侧股进行连接,实现齿轨车辆从一股轨道转入另一股轨道的齿轨道岔。

## 4 分类与组成

### 4.1 分类

4.1.1 齿轨道岔按股道转换方式分类。

4.1.2 齿轨道岔可分为：
- a) 覆盖可分式齿轨道岔；
- b) 摆动式齿轨道岔。

4.1.3 摆动式齿轨道岔可分为：
- a) 局部摆动式齿轨道岔；
- b) 整体摆动式齿轨道岔。

### 4.2 组成

4.2.1 覆盖可分式齿轨道岔由转辙器、辙叉及护轨、齿轨及齿轨转换部分组成，其中齿轨转换部分结构见图1。

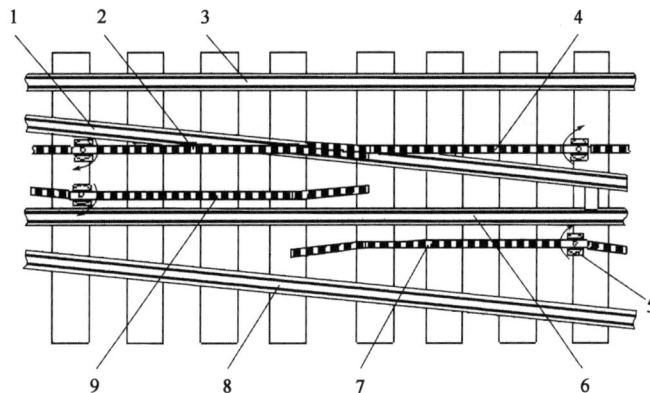

标引序号说明：
1-侧股钢轨1；　　4-直股齿轨2；　　7-侧股齿轨1；
2-直股齿轨1；　　5-枢轴；　　　　 8-侧股钢轨2；
3-直股钢轨1；　　6-直股钢轨2；　　9-侧股齿轨2。

**图1 覆盖可分式齿轨道岔齿轨转换部分结构示意图**

4.2.2 局部摆动式齿轨道岔由转辙器、辙叉及护轨、齿轨及齿轨转换部分组成，其中齿轨转换部分结构见图2。

4.2.3 整体摆动式齿轨道岔由固定区和摆动区组成，见图3。

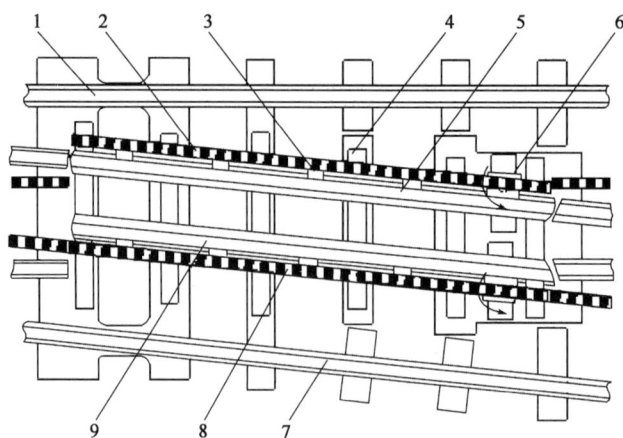

标引序号说明：

| | | |
|---|---|---|
| 1-直股钢轨； | 4-滑床板； | 7-侧股钢轨； |
| 2-直股齿轨； | 5-侧股摆动钢轨； | 8-侧股齿轨； |
| 3-间隔铁； | 6-枢轴； | 9-直股摆动钢轨。 |

**图2　局部摆动式齿轨道岔齿轨转换部分结构示意图**

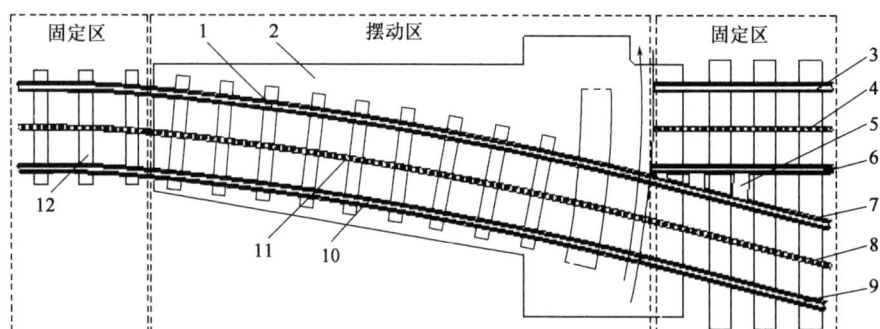

标引序号说明：

| | | | |
|---|---|---|---|
| 1-摆动钢轨1； | 4-直股齿轨； | 7-侧股钢轨1； | 10-摆动钢轨2； |
| 2-底板； | 5-间隔铁； | 8-侧股齿轨； | 11-摆动齿轨； |
| 3-直股钢轨1； | 6-直股钢轨2； | 9-侧股钢轨2； | 12-岔枕。 |

**图3　整体摆动式齿轨道岔结构示意图**

## 5　技术要求

### 5.1　一般规定

5.1.1　新投产的齿轨道岔应试制，并进行厂内整组组装，经检验合格后方可批量生产。

5.1.2　制造齿轨道岔的原材料及部件应符合有关标准或技术条件的规定。

5.1.3　岔区齿轨的原材料、齿距等参数宜与线路齿轨保持一致。

5.1.4　齿轨宽度宜小于转向架齿轨轮宽度。

5.1.5　齿轨扣件系统应满足齿轨所受纵、横方向阻力要求。

5.1.6　本文件未列且设计图中未注明的加工件尺寸偏差应符合 GB/T 1804—2000 中 c 级规定，形位偏差应符合 GB/T 1184—1996 中 L 级规定，铸件应符合 GB/T 6414—2017 中 DCTG9 规定。

5.1.7 设计图纸注明的技术要求,应按设计图纸的规定执行。

## 5.2 齿轨

### 5.2.1 原材料

制造齿轨的原材料应选用合金钢,性能指标应符合以下规定。

### 5.2.2 力学性能

5.2.2.1 齿轨经热处理后的力学性能应符合表 1 的规定。

表 1 齿轨力学性能

| 抗拉强度 $R_m$<br>（N/mm²） | 屈服强度 $R_{eL}$（$R_{p0.2}$）<br>（N/mm²） | 断后伸长率 $A$<br>（%） | 断面收缩率 $Z$<br>（%） | 冲击吸收功 $A_{kV}$<br>（J） |
|---|---|---|---|---|
| ≥1000~1250 | ≥750 | ≥11 | ≥45 | ≥30 |

5.2.2.2 齿轨经热处理后的表面硬度为 290~330HBW。

### 5.2.3 金相组织

5.2.3.1 齿轨经热处理后的非金属夹杂物应符合表 2 的规定,且各类夹杂物总和不应超过 GB/T 10561—2023 中规定的 4.5 级。

表 2 非金属夹杂物评级

| A 类（硫化物） | | B 类（氧化铝） | | C 类（硅酸盐） | | D 类（球状氧化物） | |
|---|---|---|---|---|---|---|---|
| 粗系 | 细系 | 粗系 | 细系 | 粗系 | 细系 | 粗系 | 细系 |
| ≤3.0 | ≤3.0 | ≤1.5 | ≤2.5 | ≤1.5 | ≤2.5 | ≤1.5 | ≤2.0 |

5.2.3.2 齿轨经热处理后的晶粒度不应低于 GB/T 6394—2017 中规定的 6.5 级。

### 5.2.4 型式尺寸及外观

5.2.4.1 图纸中未注明的齿轨齿廓精度应符合 GB/Z 10096—2022 中的 8 级规定。

5.2.4.2 齿轨长度极限偏差为 ±2mm,宽度极限偏差为 $_{-2}^{0}$mm,高度极限偏差为 ±0.5mm。

5.2.4.3 齿轨上螺栓孔极限偏差应符合下列规定:

a) 孔径极限偏差为 $_{-0.2}^{+0.5}$mm;

b) 孔中心上下位置尺寸 $H$,见图 4,极限偏差为 ±0.5mm;

c) 有装配关系的孔距极限偏差为 ±0.5mm,相邻两孔中心距离极限偏差为 ±0.5mm;

d) 无装配关系的孔距极限偏差为 ±1mm,最远两孔中心距极限偏差为 ±2mm;

e) 接头螺栓孔中心至端头距离极限偏差为 ±0.5mm;

f) 孔的垂直度偏差应小于 0.5mm;

g) 孔加工粗糙度为 MRR Ramax 12.5,加工后应按 0.8~1.5mm 倒棱,角度为 45°,并应清除毛刺。

5.2.4.4 覆盖可分式齿轨与枢轴配合的孔径极限偏差为 $_{0}^{+0.5}$mm。

单位为毫米

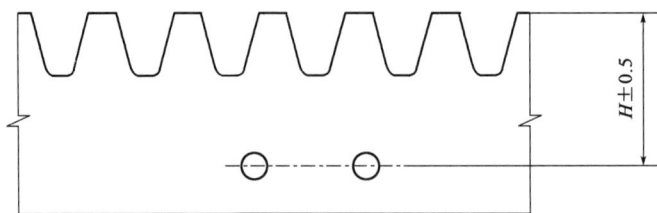

图4 孔中心上下位置极限偏差示意图

5.2.4.5 齿轨齿面表面粗糙度为 MRR Ramax 3.2,其他面为 MRR Ramax 12.5,加工后应倒棱。

5.2.4.6 覆盖可分式齿轨与钢轨贴合部位,上侧宽度 $a$、下侧宽度 $b$ 的极限偏差应符合图5的规定。

单位为毫米

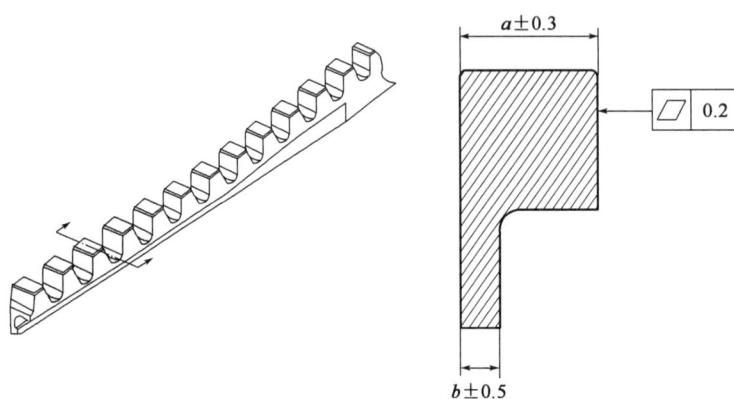

图5 覆盖可分式齿轨加工尺寸极限偏差示意图

5.2.4.7 齿轨弯折支距极限偏差为 ±0.5mm。

5.2.4.8 齿轨端面相对垂直、水平方向的垂直度为 0.5mm。

5.2.4.9 齿轨端面平面度应小于 0.2mm。

5.2.4.10 覆盖可分式齿轨密贴边全长直线度为 0.2mm。

5.2.4.11 齿轨不应有裂纹、表面擦伤等损伤。

## 5.3 钢轨件

5.3.1 钢轨件所用材料应符合下列规定:
   a) 齿轨道岔用钢轨应符合 TB/T 2344.1 的规定;
   b) 非对称断面钢轨应符合 TB/T 2344.2 的规定;
   c) 护轨用槽型钢应符合 TB/T 3110 的规定;
   d) 齿轨道岔用钢轨材质宜与区间线路钢轨材质一致,或按用户指定要求使用;
   e) 尖轨应采用整根钢轨加工制造。

5.3.2 钢轨件长度极限偏差应符合下列规定:
   a) 尖轨为 $_{-3}^{0}$mm;
   b) 基本轨和配轨为 ±3mm;
   c) 摆动钢轨为 ±2mm;
   d) 长心轨和短心轨为 ±2mm;
   e) 护轨和翼轨为 ±6mm。

5.3.3 形状和位置偏差应符合下列规定：

a) 尖轨的机械加工段直工作边、基本轨直密贴边直线度分别为 0.3mm/1m、1mm/10m；尖轨全长为两段直线时，每段均为 1mm。

b) 尖轨(含跟端的锻压过渡段和成型段)通长加工时，顶面平直度为 0.4mm/1m，降低值的范围除外；尖轨顶面不通长加工时，尖轨跟端 1.5m 范围内顶面平直度为 -0.4mm/1m ~ +0.2mm/1m，其他范围为 0.6mm/1.5m；护轨顶面平直段平直度为 2mm。

c) 尖轨的轨底扭曲为 0.45mm/1m，1mm/10m，全长 1.5mm。

d) 摆动钢轨及与其连接的钢轨端面相对垂直、水平方向的垂直度为 0.5mm，其余钢轨端面相对垂直、水平方向的垂直度为 1mm。

e) 钢轨斜切接头斜角角度偏差不应大于 1/160。

f) 尖轨轨头加工轮廓与设计轮廓极限偏差不应大于 0.5mm。

5.3.4 螺栓孔极限偏差应符合下列规定：

a) 螺栓孔孔径极限偏差为 $^{+1.0}_{-0.2}$mm；

b) 孔中心上下位置极限偏差为 ±1mm；

c) 有装配关系的孔距极限偏差为 ±0.5mm，相邻两孔中心距离极限偏差为 ±1mm；

d) 无装配关系的孔距极限偏差为 ±2mm，最远两孔中心距极限偏差为 ±3mm；

e) 接头螺栓孔中心至轨端距离极限偏差为 ±1mm；

f) 孔加工粗糙度为 MRR Ramax 25，加工后应按 0.8 ~ 1.5mm 倒棱，角度为 45°，并应清除毛刺。

5.3.5 切削加工应符合下列规定：

a) 钢轨件加工面应平滑，表面粗糙度为 MRR Ramax 25；

b) 基本轨与尖轨内倾偏差为 1/80，不允许外倾，见图 6；

c) 机加工段各控制断面轨距线位置的轨头宽度 g 极限偏差为 ±0.5mm，见图 6，弯折点前后 150mm 范围除外；

d) 尖轨、长心轨、短心轨的尖端高度 H 极限偏差为 $^{0}_{-2}$mm，其他断面的高度 H 极限偏差为 $^{+0.5}_{-1.0}$mm，见图 6；

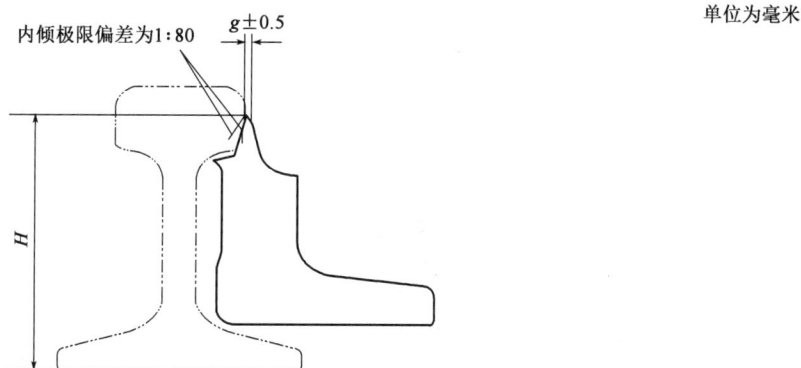

图 6 基本轨与尖轨高度、轨头宽度、内倾偏差示意图

e) 尖轨锻压成型段轨底加工后宽度的极限偏差为 $^{+1.0}_{-1.5}$mm，尖轨其他部分及其他轨件轨底宽度极限偏差为 $^{0}_{-2}$mm；

f) 各牵引点中心，尖轨内侧轨腰与非工作边尺寸 A 的极限偏差为 ±2mm，见图 7；

g) 机加工后的钢轨应倒棱。

5.3.6 顶弯应符合下列规定：

a) 钢轨不应加热顶弯。特殊情况下，可局部加热顶弯，加热的温度不应大于 500℃。顶弯产生的压痕深度不应大于 0.5mm，顶弯不应产生裂纹；

Q/CRCC 33308—2024

b) 钢轨顶弯支距允许偏差为 $^{+2}_{0}$mm；

c) 曲线半径小于100m的配轨应在厂内预顶弯。

单位为毫米

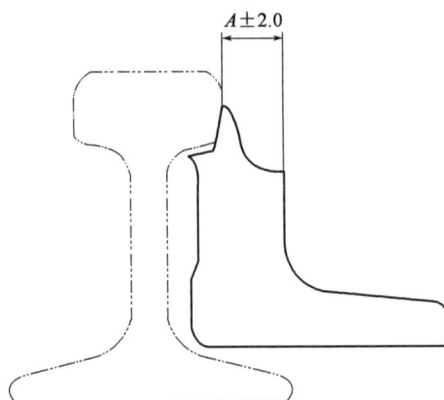

图7 尖轨内侧轨腰与非工作边尺寸极限偏差示意图

5.3.7 钢轨件淬火应符合 TB/T 2344.2 的规定。

5.3.8 尖轨跟端锻压及加工应符合 TB/T 2344.3 的有关规定。

### 5.4 固定辙叉

5.4.1 高锰钢辙叉应符合 TB/T 447 的规定。

5.4.2 组合辙叉应符合 TB/T 412 及 TB/T 3467 的规定。

### 5.5 扣件系统

#### 5.5.1 齿轨扣件系统

5.5.1.1 齿轨扣件应满足轨道结构的纵、横、垂向调整要求；横向的调整范围不应小于 $-3 \sim +3$mm，纵向的调整范围不应小于 $-5 \sim +5$mm，调高能力不应小于6mm。

5.5.1.2 齿轨扣件系统可采用图8所示结构，由L形夹板、横向联结紧固件(固定齿轨)、竖向联结紧固件(固定于岔枕上)等组成。

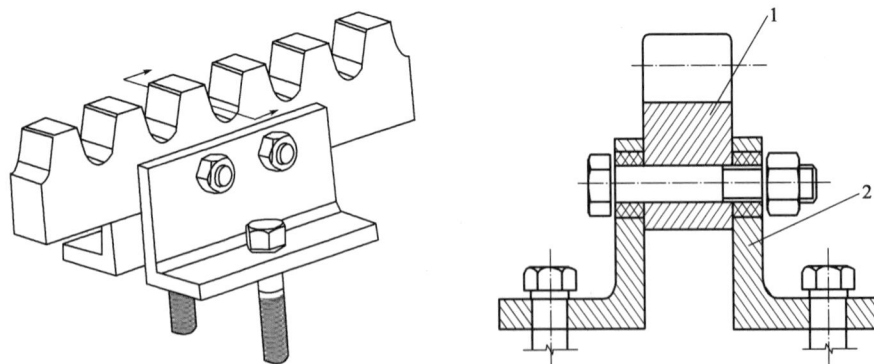

标引序号说明：

1-齿轨；　2-L形夹板。

图8 齿轨扣件结构示意图

8

**5.5.1.3** L形夹板应符合下列规定：

a) 原材料为 Q235A 或不低于其性能的其他材料,技术要求应符合 GB/T 700 的规定；

b) 孔径极限偏差为 ±0.5mm；

c) 孔中心上下位置极限偏差为 ±0.5mm；

d) 有装配关系的孔距极限偏差为 ±0.5mm,相邻两孔中心距离极限偏差为 ±0.5mm；

e) 孔中心至端头距离极限偏差为 ±0.5mm；

f) 孔加工粗糙度为 MRR Ramax 12.5,加工后应按0.8～1.5mm 倒棱,角度为45°,并应清除毛刺；

g) 其余极限偏差见图9。

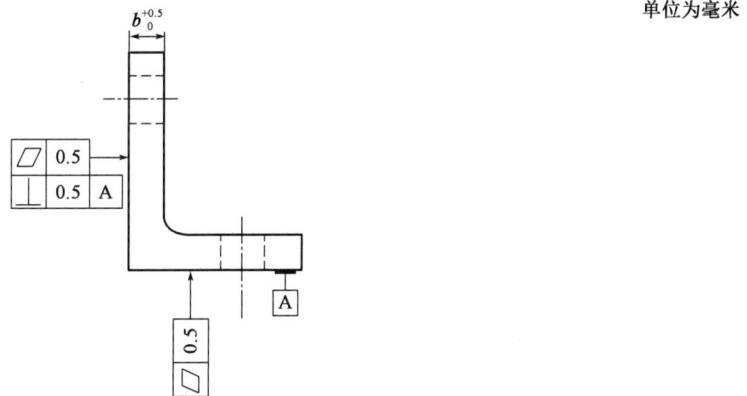

图9 L形夹板加工极限偏差示意图

**5.5.1.4** 联结紧固件应符合设计图纸及相关标准的规定。

**5.5.1.5** 齿轨扣件系统经过 300 万次疲劳试验后,零件应完好,齿轨相对于轨枕的纵向位移变化量不应超过 2mm,纵向阻力变化量不应超过 20%。

### 5.5.2 钢轨扣件系统

**5.5.2.1** 铁垫板应符合 TB/T 412 的有关规定。

**5.5.2.2** 轨距块应符合 TB/T 3307.4 的规定。

**5.5.2.3** T 型螺栓应符合 TB/T 3307.2 的规定。

**5.5.2.4** 垫板螺栓应符合 TB/T 3307.3 的规定。

**5.5.2.5** 调高垫板应符合 TB/T 3307.9 的规定。

**5.5.2.6** 预埋塑料套管应符合 TB/T 3307.7 的规定。

**5.5.2.7** Ⅱ型弹条应符合 TB/T 3065 的规定。

**5.5.2.8** 重型弹簧垫圈应符合 GB/T 7244 的规定。

**5.5.2.9** 道钉应符合 TB/T 1346 的规定。

## 5.6 联结件

### 5.6.1 齿轨联结件

**5.6.1.1** 齿轨转动或摆动机构主要由枢轴、无油衬套、枢轴固定板、高强度紧固件等组成,见图10。

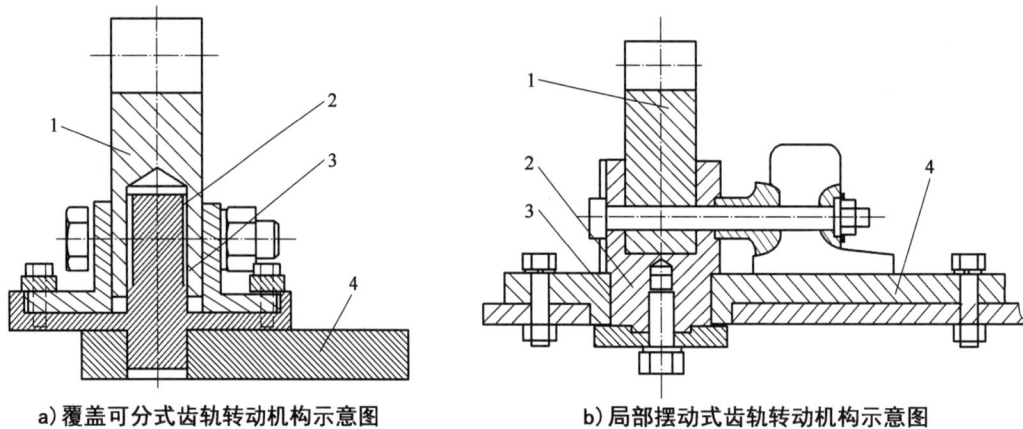

a) 覆盖可分式齿轨转动机构示意图    b) 局部摆动式齿轨转动机构示意图

标引序号说明：    标引序号说明：
1-齿轨；2-枢轴；3-无油衬套；4-枢轴固定板。    1-齿轨；2-枢轴；3-无油衬套；4-枢轴固定板。

图10 齿轨转动机构示意图

5.6.1.2 高强度螺栓、螺母、垫圈应符合 GB/T 1231 的有关规定。

5.6.1.3 枢轴固定板应符合下列规定：
a) 原材料为 Q235A 或不低于其性能的其他材料，技术要求应符合 GB/T 700 的规定；
b) 长度极限偏差为 ±2mm，宽度极限偏差为 ±1mm，厚度极限偏差为 ±0.5mm；
c) 枢轴安装孔的孔径极限偏差为 $^{+0.5}_{0}$mm；
d) 孔的垂直度公差应小于 0.5mm；
e) 枢轴安装孔至定位基准的极限偏差为 ±0.5mm；
f) 孔加工粗糙度为 MRR Ramax 12.5，加工后应按 0.8～1.5mm 倒棱，角度为 45°，并应清除毛刺；
g) 加工面应平滑，表面粗糙度为 MRR Ramax 25。

5.6.1.4 无油衬套应符合设计要求。

5.6.1.5 枢轴应符合下列规定：
a) 原材料为 45 号钢或不低于其性能的其他材料，技术要求应符合 GB/T 699 的规定；
b) 高度极限偏差为 $^{0}_{-1}$mm；
c) 外径极限偏差为 $^{0}_{-0.5}$mm；
d) 圆柱度不应大于 0.2mm；
e) 加工面应平滑，表面粗糙度为 MRR Ramax 3.2。

## 5.6.2 钢轨联结件

5.6.2.1 高强度螺栓、螺母、垫圈应符合 GB/T 1231 的有关规定。

5.6.2.2 重型弹簧垫圈应符合 GB/T 7244 的规定。

## 5.6.3 接头联结件

5.6.3.1 接头夹板应符合 TB/T 2345 的规定。

5.6.3.2 钢轨用高强度接头螺栓与螺母应符合 TB/T 2347 的规定。

5.6.3.3 胶接绝缘接头应符合 TB/T 2975 的规定。

5.6.3.4 普通绝缘材料应符合 TB/T 2927 的规定。

## 5.7 岔枕

5.7.1 有砟轨道预应力混凝土岔枕应符合 TB/T 3080 的规定。

5.7.2 无砟轨道混凝土岔枕应符合 TB/T 3297 的规定。

5.7.3 钢岔枕应符合下列规定：

 a) 尺寸允许偏差、牌号和化学成分、力学性能应符合 YB/T 4974 的规定；

 b) 钢岔枕应以成品状态交货，即完成焊接、表面防腐后交货；

 c) 钢岔枕表面不应有结疤、缺肉、裂纹、折叠、夹杂和深度大于 0.5mm 的压入氧化铁皮等影响使用的缺陷，钢岔枕不应有分层；

 d) 钢岔枕的表面缺陷允许用修磨的方法清除；清理处应平滑无棱角，清理宽度不应小于清理深度的 5 倍，且清理深度不应大于腹板、翼板厚度的负偏差，并应保证允许的最小厚度；

 e) 焊缝不允许有咬边、气孔、夹渣、焊瘤、焊缝成型不良等缺陷存在。

5.7.4 木岔枕应符合 TB/T 3172 的规定。

## 5.8 锻件

锻件应符合 JB/T 4385.1 的规定。

## 5.9 铸件

5.9.1 灰铸铁件应符合 GB/T 9439 的规定。

5.9.2 可锻铸铁件应符合 GB/T 9440 的规定。

5.9.3 铸钢件应符合 GB/T 11352 的规定。

5.9.4 球墨铸铁件应符合 GB/T 1348 的规定。

## 5.10 弹性垫板

5.10.1 橡胶垫板的材料、外观、物理机械性能应符合 TB/T 3065 的规定。

5.10.2 铁垫板下弹性垫板的尺寸极限偏差，长度为 $_{-3}^{0}$mm，宽度为 $_{-2}^{+1}$mm，厚度为 $_{0}^{+0.5}$mm；孔距极限偏差为 ±2mm。

5.10.3 钢轨下橡胶垫板的尺寸极限偏差，长度为 ±1mm，宽度为 ±1mm，厚度为 $_{0}^{+0.5}$mm。

5.10.4 橡胶垫板绝缘电阻常态下应大于或等于 $1 \times 10^8 \Omega$。

## 5.11 塑料垫片

塑料垫片材料应符合图纸规定，其尺寸极限偏差，长度为 ±3mm，宽度为 ±2mm，厚度为 $_{0}^{+0.5}$mm，纵横向孔距极限偏差为 ±2mm。

## 5.12 零部件加工后处理

5.12.1 焊接后的焊皮应予清除。

5.12.2 各种零部件加工后产生的飞边毛刺应予清除。

5.12.3 金属零部件、紧固件应进行防腐处理，且不应降低其机械、物理性能，防腐处理后应符合如下要求：

 a) 齿轨经 120h 盐雾试验（NSS 试验）保护级不应低于 GB/T 6461—2002 中 9 级的规定；

 b) 紧固件及扣件经 360h 盐雾试验（NSS 试验）保护级不应低于 GB/T 6461—2002 中 9 级的规定；

 c) 垫板经 120h 盐雾试验（NSS 试验）保护级不应低于 GB/T 6461—2002 中 9 级的规定；

 d) 钢轨表面应涂刷水性漆，干膜厚度不应小于 30μm。

### 5.13 组装技术要求

#### 5.13.1 一般规定

5.13.1.1 齿轨道岔组装应采用专用机械设备和工具、工装。

5.13.1.2 轨距块应按规定号数放置,与轨底、铁座、垫板的间隙不应大于 1mm。如需调整轨距,可选用设计给定的其他号数轨距块。

5.13.1.3 各部螺栓应按规定扭矩紧固;高强度螺栓扭矩应超过设计要求的 0～10%。

5.13.1.4 齿轨道岔各零部件应无缺少,无损伤。

5.13.1.5 摆动式齿轨道岔转换部分的钢轨与齿轨应组装成组件。

5.13.1.6 齿轨道岔厂内组装铺设应整组铺设,包括岔枕、钢轨件、齿轨、联结零件、扣件系统、转换设备等。

#### 5.13.2 组装

##### 5.13.2.1 齿轨组装

5.13.2.1.1 齿轨接缝位置横向错牙不应大于 2mm。

5.13.2.1.2 齿轨底部与齿轨支撑块之间的间隙 $s$,见图 11,不应大于 1mm。

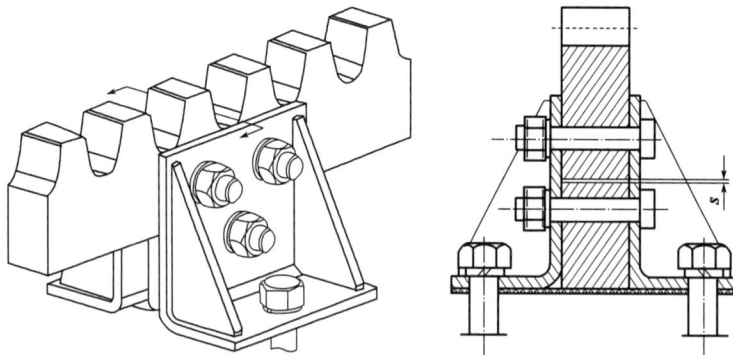

**图 11 齿轨底部与齿轨支撑块间隙示意图**

5.13.2.1.3 齿轨支距的允许偏差为 ±2mm。

5.13.2.1.4 齿轨接缝处相邻两齿轨间齿距极限偏差为 $^{+3}_{-2}$mm。

5.13.2.1.5 齿轨顶面相对于钢轨顶面的高差 $H$,见图 12,极限偏差为 ±2mm。

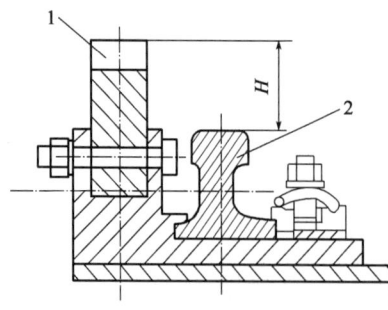

标引序号说明:

1-齿轨; 2-钢轨。

**图 12 齿轨顶面相对于钢轨顶面高差示意图**

**5.13.2.1.6** 齿轨可动部分下表面与滑床台上表面缝隙：牵引点两侧滑床板处应小于0.5mm；其余部分应小于1mm。

**5.13.2.1.7** 覆盖可分式齿轨组装

    a) 齿轨道岔枢轴位置齿轨中心与钢轨工作边的距离 $M$，见图13，极限偏差为±2mm；

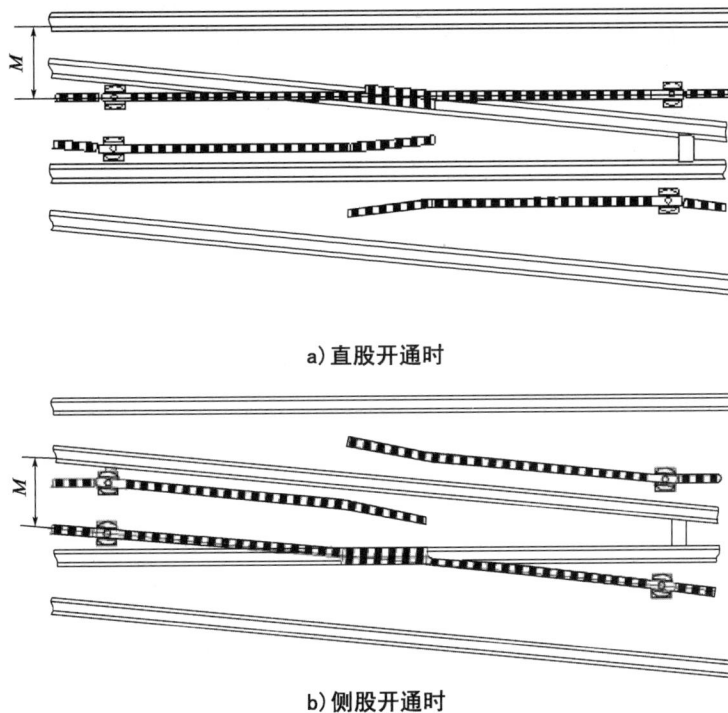

a) 直股开通时

b) 侧股开通时

**图 13　覆盖可分式齿轨道岔转换部分组装示意图**

    b) 两齿轨密贴时缝隙 $b$，见图14，不应大于2mm；

    c) 齿轨密贴状态下，齿轨与钢轨顶面的间隙 $h$，见图14，不应小于3mm；

    d) 齿轨密贴状态下，齿轨与钢轨轨头侧边的间距 $s$，见图14，不应小于2mm；

    e) 齿轨密贴状态下，密贴齿轨纵向错牙不应大于2mm；

    f) 齿轨打开状态下，齿轨侧面与钢轨工作边距离应符合设计要求。

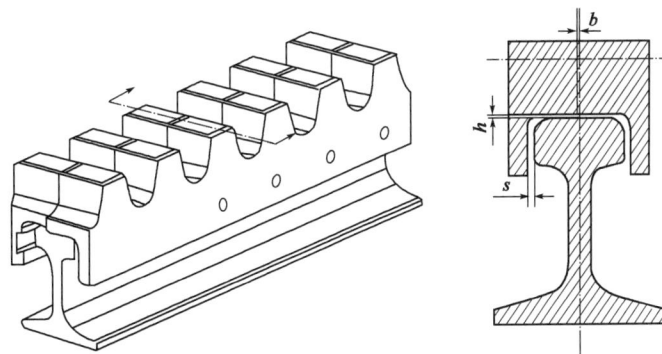

**图 14　齿轨密贴及齿轨与钢轨间距尺寸极限偏差示意图**

**5.13.2.1.8** 摆动式齿轨组装

    a) 直股齿轨中心与直基本轨及后接导轨工作边的距离 $P$，见图15a)，极限偏差为±2mm；曲股齿轨中心与曲尖轨及后接导轨工作边的距离 $P$，见图15b)，极限偏差为±2mm。

13

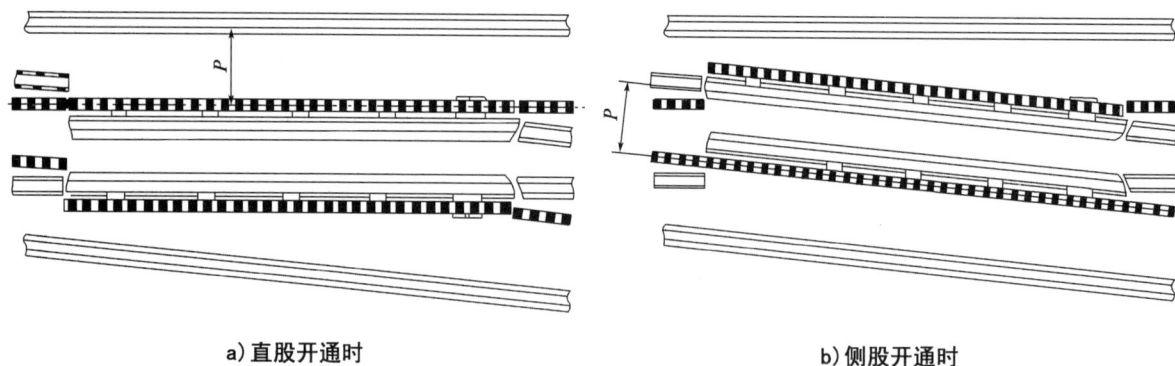

a) 直股开通时          b) 侧股开通时

图15 摆动式齿轨道岔转换部分组装示意图

b) 摆动组件钢轨及齿轨下表面与滑床台上表面的缝隙:牵引点两侧滑床板处应小于0.5mm;其余部分应小于1mm。

c) 齿轨开通状态下,齿轨横向错牙不应大于2mm,钢轨工作边错牙不应大于2mm。

d) 摆动组件中接口处宽度 $T$,见图16,应符合设计要求。

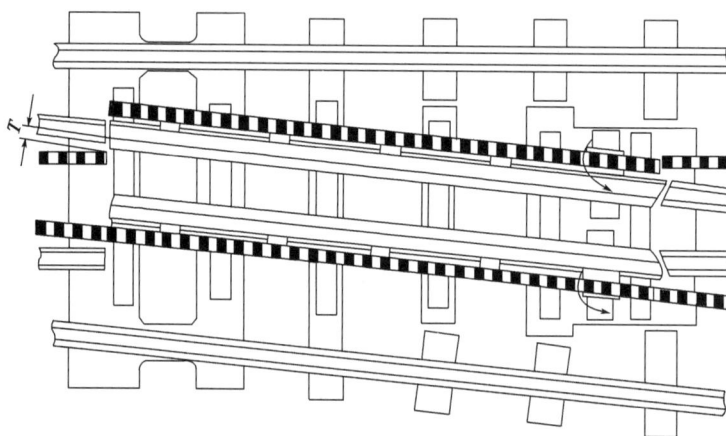

图16 摆动式齿轨道岔转换部分组装示意图

#### 5.13.2.2 基本轨、尖轨组装

基本轨、尖轨组装应符合 TB/T 412 的规定。

#### 5.13.2.3 组合辙叉组装

组合辙叉组装应符合 TB/T 412、TB/T 3467 的规定。

#### 5.13.2.4 护轨组装

护轨组装应符合 TB/T 412 的规定。

#### 5.13.2.5 岔枕组装

5.13.2.5.1 厂内预铺摆放岔枕时,应按编号顺序依次摆放,并应方正,岔枕间距应符合齿轨安装要求。

5.13.2.5.2 齿轨道岔中固定摆动齿轨枢轴的两根岔枕间距 $H$,见图17,极限偏差为 ±2mm。

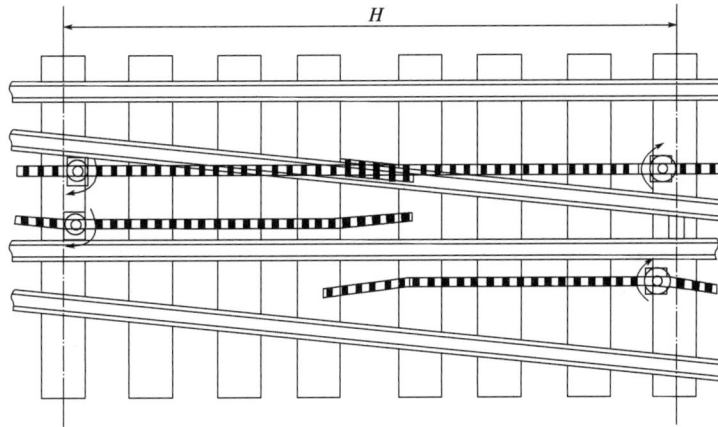

图 17  齿轨道岔可动齿轨岔枕间距极限偏差示意图

#### 5.13.2.6  转换设备组装前检查

5.13.2.6.1  尖轨转换设备组装前检查应符合 TB/T 412 的规定。

5.13.2.6.2  齿轨转换设备组装前检查：

a) 覆盖可分式齿轨道岔,无外力情况下,各摆动齿轨处于密贴位置时,与设计基准位置偏差不应大于 3mm,斥离状态下无反弹;

b) 局部摆动式齿轨道岔,无外力情况下,齿轨与顶铁处于密贴位置时,其间隙不应大于 3mm,斥离状态下无反弹。

#### 5.13.2.7  尖轨转换设备组装

尖轨转换设备组装应符合 TB/T 412 的规定。

#### 5.13.2.8  齿轨转换设备组装

5.13.2.8.1  转换设备组装时,托板或角钢应与直股基本轨垂直,转换杆件沿线路纵向安装偏差为 ±5mm,转换设备安装孔与直股基本轨距离极限偏差为 ±3mm。

5.13.2.8.2  覆盖可分式齿轨道岔两齿轨密贴时,有 4mm 及以上水平间隙时不应锁闭或接通道岔表示。

5.13.2.8.3  摆动式齿轨道岔转换组件与顶铁有 2mm 及以上水平间隙时不应锁闭或接通道岔表示。

5.13.2.8.4  各牵引点转换力测试值不应大于转辙机额定转换力。

#### 5.13.2.9  整组组装

5.13.2.9.1  轨距偏差为 $^{+3}_{-2}$mm,尖轨尖端位置轨距、直尖轨轨头切削起点处轨距偏差为 ±1mm。

5.13.2.9.2  齿轨道岔铺设横向水平偏差不应大于 3mm,纵向高低偏差不应大于 3mm/10m,方向偏差不应大于 3mm/10m,目视成直线。

5.13.2.9.3  两尖轨尖端方正差不应大于 5mm。

5.13.2.9.4  钢轨、齿轨导曲线支距极限偏差为 ±2mm。

5.13.2.9.5  全长极限偏差为 ±20mm。

5.13.2.9.6  齿轨中心与钢轨工作边距离极限偏差为 ±2mm。

5.13.2.9.7  整组组装时各零件尺寸及部件组装尺寸均应符合附录 A 的规定。

## 6 检验方法

### 6.1 检验条件

6.1.1 检验场地应平整坚实。

6.1.2 检验仪器、量具、工作台应在检定有效期内。

### 6.2 齿轨

6.2.1 齿轨力学性能检验按 GB/T 3077 的规定进行、非金属夹杂物检验按 GB/T 10561 的规定进行、晶粒度检验按 GB/T 6394 的规定进行。

6.2.2 齿轨型式尺寸及外观检验如下：

    a) 齿轨齿廓精度检验按 GB/Z 10096 的规定进行。

    b) 齿轨长度、宽度、高度采用专用量具或通用量具检测。

    c) 齿轨上孔径、孔位采用专用量具或通用量具检测。

    d) 齿轨表面、螺栓孔表面粗糙度采用对比法检测。

    e) 覆盖可分式齿轨与钢轨贴合端的尺寸采用通用量具或专用样板检测。

    f) 齿轨弯折支距采用专用量具和钢板尺检测。

    g) 齿轨端面平面度、相对垂直和水平方向的垂直度采用直角尺或专用量具检测。

    h) 齿轨密贴边直线度采用平尺和塞尺检测。

    i) 齿轨表面缺陷采用目视或探伤检测。

### 6.3 钢轨件

6.3.1 钢轨件长度采用长卷尺或专用量具检测。钢轨件及钢轨组件长度测量应以轨温20℃为基准进行测量。当轨温变化时,应按轨温的变化进行长度修正。

6.3.2 当轨件(含组装件)的直线度以1m为单位要求时,采用平尺和塞尺检验;当轨件(含组装件)的直线度以10m为单位要求时,采用弦线和钢板尺检查;轨件顶面平直度采用平尺和塞尺检测;轨底扭曲采用专用量具检测;钢轨端面垂直度采用直角尺或专用量具检测;钢轨斜切头斜角角度采用专用量具检测;轨头加工轮廓采用专用样板或专用仪器检测。

6.3.3 轨件螺栓孔孔径、孔位采用通用量具检测。

6.3.4 孔加工表面、轨件切削后表面粗糙度采用对比法检测。

6.3.5 轨件切削后基本轨与尖轨密贴面内倾偏差、轨头宽度、尖端和断面高度、轨顶坡、轨底宽度、尖轨内侧轨腰与非工作边尺寸采用通用量具或专用量具检测。

6.3.6 钢轨顶弯加热温度采用专用仪器检测,顶弯压痕深度采用通用量具检测,顶弯支距采用专用样板或弦线和钢板尺检测,顶弯位置外观质量采用目视或探伤检测。

6.3.7 钢轨件淬火检验按 TB/T 2344.2 的规定进行。

6.3.8 尖轨跟端锻压及加工后检验按 TB/T 2344.3 的规定进行。

### 6.4 固定辙叉

6.4.1 高锰钢辙叉检验按 TB/T 447 的规定进行。

6.4.2 组合辙叉检验按 TB/T 412、TB/T 3467 的规定进行。

## 6.5 扣件系统

### 6.5.1 齿轨扣件系统

6.5.1.1 L形夹板原材料性能检验按 GB/T 700 的规定进行。

6.5.1.2 L形夹板长度、高度、孔径、孔位采用通用量具检测；加工表面和孔加工面粗糙度采用对比法检测。

6.5.1.3 齿轨扣件疲劳性能试验采用专用仪器设备检测，疲劳载荷加载方向如图 18 所示。

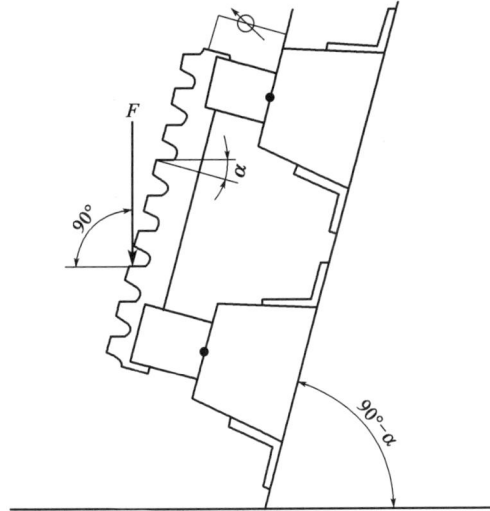

标引序号说明：

$\alpha$-齿形角；     $F$-竖向加载。

**图 18　疲劳载荷加载方向示意**

### 6.5.2 钢轨扣件系统

6.5.2.1 铁垫板检验按 TB/T 412 的规定进行。

6.5.2.2 轨距块检验按 TB/T 3307.4 的规定进行。

6.5.2.3 T 型螺栓检验按 TB/T 3307.2 的规定进行。

6.5.2.4 垫板螺栓检验按 TB/T 3307.3 的规定进行。

6.5.2.5 调高垫板检验按 TB/T 3307.9 的规定进行。

6.5.2.6 预埋塑料套管检验按 TB/T 3307.7 的规定进行。

6.5.2.7 Ⅱ型弹条检验按 TB/T 3065 的规定进行。

6.5.2.8 重型弹簧垫圈检验按 GB/T 7244 的规定进行。

6.5.2.9 道钉检验按 TB/T 1346 的规定进行。

## 6.6 联结件

### 6.6.1 齿轨和钢轨联结件

6.6.1.1 高强度螺栓、螺母、垫圈检验按 GB/T 1231 的规定进行；重型弹簧垫圈检验按 GB/T 7244 的规定进行。

6.6.1.2 枢轴固定板原材料性能检验按 GB/T 700 的规定进行，枢轴固定板长度、高度、厚度、孔径、孔位、孔垂直度采用通用量具检测。

6.6.1.3 无油衬套检验按图纸和相关技术条件的规定进行。

6.6.1.4 枢轴原材料性能检验按 GB/T 699 的规定进行，枢轴高度、外径、圆柱度采用通用量具检测。

6.6.1.5 加工表面和孔加工面粗糙度采用对比法检测。

### 6.6.2 接头联结件

6.6.2.1 接头夹板检验按 TB/T 2345 的规定进行。

6.6.2.2 钢轨用高强度接头螺栓与螺母检验按 TB/T 2347 的规定进行。

6.6.2.3 胶接绝缘接头检验按 TB/T 2975 的规定进行。

6.6.2.4 普通绝缘材料检验按 TB/T 2927 的规定进行。

## 6.7 岔枕

6.7.1 有砟轨道预应力混凝土岔枕检验按 TB/T 3080 的规定进行。

6.7.2 无砟轨道混凝土岔枕检验按 TB/T 3297 的规定进行。

6.7.3 钢岔枕尺寸、牌号和化学成分、力学性能检验按 YB/T 4974 的规定进行,外观质量采用目视或探伤检测。

6.7.4 木岔枕检验按 TB/T 3172 的规定进行。

## 6.8 锻件

锻件检验按 JB/T 4385.1 的规定进行。

## 6.9 铸件

6.9.1 灰铸铁件检验按合 GB/T 9439 的规定进行。

6.9.2 可锻铸铁件检验按 GB/T 9440 的规定进行。

6.9.3 铸钢件检验按 GB/T 11352 的规定进行。

6.9.4 球墨铸铁件检验按 GB/T 1348 的规定进行。

## 6.10 弹性垫板

6.10.1 橡胶垫板的材料、外观、物理机械性能检验按 TB/T 3065 的规定进行。

6.10.2 铁垫板下弹性垫板的外形尺寸、孔距采用专用量具或通用量具检测。

6.10.3 钢轨下橡胶垫板的外形尺寸采用专用量具或通用量具检测。

6.10.4 橡胶垫板绝缘电阻采用专用仪器检测。

## 6.11 塑料垫片

塑料垫片长度、宽度、厚度、孔距采用专用量具或通用量具检测。

## 6.12 零部件加工后处理

6.12.1 焊皮、毛刺采用目视检查。

6.12.2 齿轨、紧固件、扣件以及垫板的中性盐雾试验按 GB/T 10125 的规定进行,并按 GB/T 6461 的规定进行评级。

6.12.3 钢轨表面干膜厚度采用漆膜测厚仪检测。

## 6.13 组装

### 6.13.1 齿轨组装

6.13.1.1 错牙采用平尺检测。

6.13.1.2 接缝处两齿轨间齿距采用专用量具检测。

6.13.1.3 支距和最小轮缘槽采用游标卡尺、支距尺或专用量具检测。

6.13.1.4 间隙和缝隙类采用塞尺检测。

6.13.1.5 齿轨顶面相对于钢轨顶面的高度采用专用量具或平尺和钢板尺检测。

6.13.1.6 齿轨中心距钢轨工作边的距离采用卷尺或专用量具检测。

6.13.1.7 摆动式齿轨道岔直股齿轨中心与直基本轨及后接导轨工作边的距离、曲股齿轨中心与曲尖轨及后接导轨工作边的距离采用卷尺或专用量具检测。

### 6.13.2 基本轨和尖轨组装、护轨组装、岔枕组装

基本轨和尖轨组装、护轨组装、岔枕组装检验按 TB/T 412 的规定进行。

### 6.13.3 组合辙叉组装

组合辙叉组装检验按 TB/T 412、TB/T 3467 的规定进行。

### 6.13.4 转换设备组装前检查

6.13.4.1 尖轨转换设备组装前检验按 TB/T 412 的规定进行。

6.13.4.2 覆盖可分式齿轨道岔,各摆动齿轨处于密贴位置时,与固定基准位置间隙采用塞尺或专用样板检测。

6.13.4.3 局部摆动式齿轨道岔,齿轨与顶铁处于密贴位置时,间隙采用塞尺或专用样板检测。

### 6.13.5 尖轨转换设备组装

尖轨转换设备组装检验按 TB/T 412 的规定进行。

### 6.13.6 齿轨转换设备组装

6.13.6.1 转换杆件沿线路纵向安装偏差采用钢板尺或专用量具检测,转换设备安装孔与直股基本轨距离采用卷尺或专用量具检测。

6.13.6.2 夹异物检查采用专用量具检测。

6.13.6.3 转换阻力采用专用仪器检测。

### 6.13.7 整组组装

6.13.7.1 轨距和水平采用轨距尺或轨道几何状态检查仪检测。

6.13.7.2 高低和方向采用轨道几何状态检查仪或弦线检测。

6.13.7.3 两尖轨尖端方正差采用支距尺和卷尺检测。

6.13.7.4 导曲线支距采用支距尺或专用量具检测。

6.13.7.5 全长采用卷尺检测。

6.13.7.6 齿轨中心与钢轨工作边的距离采用专用量具检测。

6.13.7.7 各部位螺栓扭矩采用扭矩扳手检测。

6.13.7.8 零部件规格及数量按照图纸进行检查。

## 7 检验规则

### 7.1 检验分类

齿轨道岔产品检验分为出厂检验和型式检验。

Q/CRCC 33308—2024

## 7.2 出厂检验

7.2.1 齿轨道岔产品应经制造厂质量检验部门检验合格后方可出厂。产品出厂时，应附有质量检验部门签发的产品合格证。

7.2.2 出厂检验项目见附录A的规定。出厂检验所有检验项均满足要求时，出厂检验判为合格。

## 7.3 型式检验

7.3.1 有下列情况之一时，应进行型式检验：

a) 初次投产或转场生产时；

b) 同一工艺的部件停产一年及以上恢复生产时；

c) 材料、结构、工艺有重大改变时；

d) 连续生产3年时。

7.3.2 型式检验项目见附录B的规定。

## 8 标志、包装、储存和运输

### 8.1 标志

8.1.1 整组齿轨道岔应有永久性标志。产品标志应固定于直基本轨外侧前部不被任何安装零件遮盖的轨腰上，标志内容应包括产品名称、图号、规格型号、出厂编号和日期、制造厂名或厂标等。

8.1.2 辙叉上应有永久性标志，标志内容应包括辙叉型号、开别、出厂编号和日期、制造厂名或厂标等。

8.1.3 基本轨、尖轨、护轨、齿轨应有永久性标志，标志内容应包括长度、厂标或厂名、出厂日期，基本轨、尖轨、齿轨还应有开别、直或曲的标志。

8.1.4 配轨应在轨腰上标明长度，必要时标明方向。

8.1.5 钢轨及组件应标明起吊位置。

8.1.6 尖轨和心轨应标明降低值测量位置。

8.1.7 铁垫板上表面应有清晰可见的永久性企业标志和产品标志。铁垫板的产品标志应包括件号、规格、左右开别及偏心距。

8.1.8 铸件应在不影响部件性能且易于观察的部位铸出标记，标记内容应符合设计图纸规定。

8.1.9 岔枕应有明显的铺设方向标志。

8.1.10 防锈处理后的零部件标志应清晰。

### 8.2 包装

8.2.1 尖轨、基本轨组件应牢固捆扎。

8.2.2 齿轨应绑扎固定，多层叠放时应采用软质材料隔离。

8.2.3 紧固件、扣件等其他零部件应分类装袋后再装箱。

8.2.4 垫板件应分类装箱发运。

8.2.5 包装箱内应有装箱单，包装箱外应标注产品名称、规格、主要零件名称及装箱编号。

### 8.3 储存和运输

8.3.1 吊装时，尖轨和基本轨组件、辙叉组件、配轨、齿轨均应使用起重机械和吊具在标明的起吊点起吊，不应产生塑性变形；不应任意或单点起吊及人工推撬装卸作业。

8.3.2 运输过程中，尖轨和基本轨组件、辙叉组件、配轨、齿轨不应产生塑性变形。

20

8.3.3 码放尖轨和基本轨组件、辙叉组件、配轨的场地应平整。码垛层数不应多于4层,每层应用尺寸不小于60mm×60mm的木质垫块垫实垫平,各层垫块应在竖直方向对齐,间距不应大于4m。

8.3.4 混凝土岔枕、木枕多层码垛时,每层应用木质垫块垫实垫平;组装有铁垫板的岔枕,层间垫块的高度应高于铁垫板。

8.3.5 钢岔枕成捆叠放时,每捆质量不应大于5000kg。

8.3.6 码放齿轨的场地应平整。码垛层数不应多于4层,每层之间应采用软质材料隔离。

8.3.7 钢岔枕吊运应采用专用工装。

8.3.8 转换设备应采用专用包装箱包装。

8.3.9 所有的零部件(钢轨件除外)在运输、储存时应采取防雨措施。

8.3.10 钢岔枕、钢轨、辙叉、齿轨吊运时不得采用钢丝绳。

附 录 A

（资料性）

道岔厂内组装铺设检验项目及要求

道岔厂内组装铺设检验项目及要求应符合表 A.1 的规定。

表 A.1 道岔厂内组装铺设检验项目及要求

| 序号 | 检验项目 | 极限偏差或要求 | 出厂检验 | 说明 |
|---|---|---|---|---|
| 1 | 道岔轨距 | −2 ~ +3mm | √ | |
| 2 | 道岔铺设水平 | ≤3mm,导曲线不应有反超高 | √ | |
| 3 | 道岔铺设高低 | 3mm/10m | √ | |
| 4 | 道岔方向 | 3mm/10m,目视成直线 | √ | |
| 5 | 尖轨尖端轨距 | ±1.0mm | √ | |
| 6 | 基本轨前端至尖轨尖端的距离 | 0 ~ +4.0mm | √ | |
| 7 | 两尖轨尖端方正差 | ≤5mm | √ | |
| 8 | 直尖轨轨头切削起点处轨距 | ±1.0mm | √ | |
| 9 | 直尖轨第一牵引点前与曲基本轨密贴缝隙 | <0.5mm | √ | |
| 10 | 直尖轨其余部分与基本轨密贴缝隙 | <1.0mm | √ | |
| 11 | 尖轨机加工段直工作边和基本轨直密贴边直线度 | 1.5mm/10m,全长为两段时,每段均为1.0mm | √ | |
| 12 | 曲基本轨顶铁与直尖轨轨腰的缝隙 | <2.0mm,其中大于或等于1.0mm 缝隙的数量不应超过该项点总数的20%,且不应连续出现 | √ | |
| 13 | 直尖轨轨底与滑床台的缝隙 | <2.0mm,其中大于或等于1.0mm 缝隙的数量不应超过该项点总数的10%,且不应连续出现 | √ | |
| 14 | 曲尖轨第一牵引点前与直基本轨密贴缝隙 | <0.5mm | √ | |
| 15 | 曲尖轨其余部分与基本轨密贴缝隙 | <1.0mm | √ | |
| 16 | 直基本轨顶铁与曲尖轨轨腰的缝隙 | <2.0mm,其中大于或等于1.0mm 缝隙的数量不应超过该项点总数的20%,且不应连续出现 | √ | |
| 17 | 曲尖轨轨底与滑床台的缝隙 | <2.0mm,其中大于或等于1.0mm 缝隙的数量不应超过该项点总数的10%,且不应连续出现 | √ | |
| 18 | 牵引点处尖轨内侧轨腰与基本轨非工作边距离 | ±2.5mm | √ | |

表 A.1　道岔厂内组装铺设检验项目及要求(续)

| 序号 | 检验项目 | 极限偏差或要求 | 出厂检验 | 说明 |
|---|---|---|---|---|
| 19 | 尖轨 20mm、35mm 及 50mm 断面处与基本轨之间的高差(降低值) | ±1.0mm | √ | |
| 20 | 转辙器部分最小轮缘槽宽 | 符合设计要求 | √ | |
| 21 | 尖轨限位器两侧缝隙差 | ±1.0mm | √ | |
| 22 | 直尖轨固定端支距 | ±1.5mm | √ | |
| 23 | 曲尖轨固定端支距 | ±1.5mm | √ | |
| 24 | 直尖轨跟端支距 | ±2.0mm | √ | |
| 25 | 曲尖轨跟端支距 | ±2.0mm | √ | |
| 26 | 导曲线支距 | ±2.0mm | √ | |
| 27 | 尖轨跟端直股轨距 | −2 ~ +3mm | √ | |
| 28 | 尖轨跟端曲股轨距 | −2 ~ +3mm | √ | |
| 29 | 尖轨、心轨轨头加工轮廓与设计轮廓的偏差 | ≤0.5mm | √ | |
| 30 | 辙叉趾、跟端开口距 | ±2.0mm | √ | |
| 31 | 辙叉咽喉宽 | −1.0 ~ +3.0mm | √ | |
| 32 | 辙叉长度 | ±4.0mm | √ | |
| 33 | 护轨轮缘槽宽度 | 平直段为 −0.5 ~ +1.0mm,其余为 ±2.0mm | √ | |
| 34 | 护轨顶面直线度 | 2mm | √ | |
| 35 | 护轨顶面与基本轨顶面的高差 | ±2mm | √ | |
| 36 | 查照间隔及护背距离 | 符合设计要求 | √ | |
| 37 | 辙叉跟端轨距 | −2 ~ +3mm | √ | |
| 38 | 辙叉趾端轨距 | −2 ~ +3mm | √ | |
| 39 | 尖轨各牵引点处开口值 | −3.0 ~ +5.0mm | √ | |
| 40 | 全长 | ±20mm | √ | |
| 41 | 岔枕间距 | 符合齿轨安装要求 | √ | |
| 42 | 零部件 | 无缺少、无损伤 | √ | |
| 43 | 高强度螺栓扭矩 | 超过设计要求 0 ~ 10% | √ | |
| 44 | 标记 | 正确、齐全 | √ | |
| 45 | 齿轨接缝位置横向错牙 | ≤2mm | √ | |
| 46 | 齿轨底部与齿轨支撑块之间的间隙 | ≤1mm | √ | |
| 47 | 齿轨支距 | ±2mm | √ | |
| 48 | 齿轨接缝处相邻两齿轨间齿距极限偏差 | −2 ~ +3mm | √ | |

表 A.1 道岔厂内组装铺设检验项目及要求(续)

| 序号 | 检验项目 | 极限偏差或要求 | 出厂检验 | 说明 |
|---|---|---|---|---|
| 49 | 齿轨顶面相对于钢轨顶面的高差 | ±2mm | √ | |
| 50 | 齿轨中心与钢轨工作边的距离偏差 | ±2mm | √ | |
| 51 | 齿轨可动部分下表面与滑床台上表面缝隙 | 牵引点两侧滑床板处应小于0.5mm;其余部分应小于1mm | √ | |
| 52 | 两齿轨密贴时缝隙 | ≤2mm | √ | |
| 53 | 齿轨密贴状态下,齿轨与钢轨顶面间隙 | ≥3mm | √ | |
| 54 | 齿轨密贴状态下,齿轨与钢轨轨头侧边间距 | ≥2mm | √ | |
| 55 | 齿轨密贴状态下,密贴齿轨纵向错牙 | ≤2mm | √ | 覆盖可分式齿轨道岔 |
| 56 | 齿轨打开状态下,齿轨侧面与钢轨工作边距离 | 符合设计要求 | √ | |
| 57 | 齿轨道岔中固定摆动齿轨枢轴的两根岔枕间距 | ±2mm | √ | |
| 58 | 无外力情况下,各摆动齿轨密贴时,与设计基准位置偏差 | ≤3mm,斥离状态下无反弹 | √ | |
| 59 | 齿轨开通状态下,齿轨横向错牙 | ≤2mm | √ | 摆动式齿轨道岔 |
| 60 | 齿轨开通状态下,钢轨工作边错牙 | ≤2mm | √ | |
| 61 | 齿轨道岔摆动组件中接口处宽度 | 符合设计要求 | √ | |
| 62 | 无外力情况下,齿轨与顶铁密贴时间隙 | ≤3mm,斥离状态下无反弹 | √ | |
| 63 | 转换杆件沿线路纵向偏移量偏差 | ±5mm | √ | 安装转换设备时检测 / 各转辙机均测量 |
| 64 | 钢轨用转辙机外壳两端与直基本轨直线距离 | ±3mm | √ | |
| 65 | 尖轨转换阻力 | 小于或等于设计要求 | √ | |
| 66 | 第一牵引点处尖轨与基本轨的密贴检查 | 4mm,不锁闭 | √ | |
| 67 | 其余牵引点处尖轨与基本轨的密贴检查 | 6mm,不锁闭 | √ | |
| 68 | 牵引点密贴检查 | 5mm,不接通 | √ | |
| 69 | 齿轨转换设备安装孔与直股基本轨距离 | ±3mm | √ | |
| 70 | 齿轨转换阻力 | 不大于转辙机额定转换力 | √ | |
| 71 | 可动齿轨密贴时密贴检查 | 4mm,不锁闭或接通表示 | √ | 覆盖可分式齿轨道岔 |
| 72 | 转换组件与顶铁密贴检查 | 2mm,不锁闭或接通表示 | √ | 摆动式齿轨道岔 |

# 附　录　B

（资料性）

## 型式检验项目

道岔应按表 B.1 所列项目进行型式检验。

表 B.1　型式检验项目

| 序号 | 分类 | 检验项目 | 要求 | 检验方法 | 型式检验 |
|---|---|---|---|---|---|
| 1 | 齿轨 | 齿轨的原材料 | 5.2.1 | 6.2.1 | √ |
| 2 | | 力学性能 | 5.2.2 | 6.2.1 | √ |
| 3 | | 金相组织 | 5.2.3 | 6.2.1 | √ |
| 4 | | 型式尺寸及外观 | 5.2.4 | 6.2.2 | √ |
| 5 | 钢轨件 | 钢轨件长度 | 5.3.2 | 6.3.1 | √ |
| 6 | | 形状和位置偏差 | 5.3.3 | 6.3.2 6.3.4 | √ |
| 7 | | 螺栓孔极限偏差 | 5.3.4 | 6.3.3 6.3.4 | √ |
| 8 | | 切削后尺寸及外观 | 5.3.5 | 6.3.5 | √ |
| 9 | | 顶弯后尺寸及外观 | 5.3.6 | 6.3.6 | √ |
| 10 | | 钢轨件淬火 | 5.3.7 | 6.3.7 | √ |
| 11 | | 尖轨跟端锻压及加工 | 5.3.8 | 6.3.8 | √ |
| 12 | 固定辙叉 | 高锰钢辙叉 | 5.4.1 | 6.4.1 | √ |
| 13 | | 组合辙叉 | 5.4.2 | 6.4.2 | √ |
| 14 | 扣件系统 | 齿轨扣件系统 | 5.5.1 | 6.5.1 | √ |
| 15 | | 钢轨扣件系统 | 5.5.2 | 6.5.2 | √ |
| 16 | 联结件 | 齿轨联结件 | 5.6.1 | 6.6.1 | √ |
| 17 | | 钢轨联结件 | 5.6.2 | 6.6.1 | √ |
| 18 | | 接头联结件 | 5.6.3 | 6.6.2 | √ |
| 19 | 岔枕 | 有砟轨道预应力混凝土岔枕 | 5.7.1 | 6.7.1 | √ |
| 20 | | 无砟轨道混凝土岔枕 | 5.7.2 | 6.7.2 | √ |
| 21 | | 钢岔枕 | 5.7.3 | 6.7.3 | √ |
| 22 | | 木岔枕 | 5.7.4 | 6.7.4 | √ |
| 23 | 锻件 | 锻件 | 5.8 | 6.8 | √ |
| 24 | 铸件 | 灰铸铁 | 5.9.1 | 6.9.1 | √ |
| 25 | | 可锻铸铁 | 5.9.2 | 6.9.2 | √ |
| 26 | | 铸钢件 | 5.9.3 | 6.9.3 | √ |
| 27 | | 球墨铸铁 | 5.9.4 | 6.9.4 | √ |

表 B.1　型式检验项目(续)

| 序号 | 分类 | 检验项目 | 要求 | 检验方法 | 型式检验 |
|---|---|---|---|---|---|
| 28 | 弹性垫板 | 橡胶垫板的材料、外观、物理机械性能 | 5.10.1 | 6.10.1 | √ |
| 29 | | 铁垫板下弹性垫板的尺寸极限偏差 | 5.10.2 | 6.10.2 | √ |
| 30 | | 钢轨下橡胶垫板的尺寸极限偏差 | 5.10.3 | 6.10.3 | √ |
| 31 | | 橡胶垫板绝缘电阻 | 5.10.4 | 6.10.4 | √ |
| 32 | 塑料垫片 | 塑料垫片的长度、宽度、厚度、孔距 | 5.11 | 6.11 | √ |
| 33 | 零部件加工后处理 | 焊接件 | 5.12.1 | 6.12.1 | √ |
| 34 | | 机加零部件 | 5.12.2 | 6.12.1 | √ |
| 35 | | 金属零部件、紧固件防腐 | 5.12.3 | 6.12.2 6.12.3 | √ |
| 36 | 组装技术要求 | 一般规定 | 5.13.1 | 6.13.7 | √ |
| 37 | | 齿轨组装 | 5.13.2.1 | 6.13.1 | √ |
| 38 | | 基本轨、尖轨组装 | 5.13.2.2 | 6.13.2 | √ |
| 39 | | 组合辙叉组装 | 5.13.2.3 | 6.13.3 | √ |
| 40 | | 护轨组装 | 5.13.2.4 | 6.13.2 | √ |
| 41 | | 岔枕组装 | 5.13.2.5 | 6.13.2 | √ |
| 42 | | 转换设备组装前检查 | 5.13.2.6 | 6.13.4 | √ |
| 43 | | 尖轨转换设备组装 | 5.13.2.7 | 6.13.5 | √ |
| 44 | | 齿轨转换设备组装 | 5.13.2.8 | 6.13.6 | √ |
| 45 | | 整组组装 | 5.13.2.9 | 6.13.7 | √ |

**图书在版编目（CIP）数据**

山地轨道交通齿轨道岔制造技术条件 / 中国铁建重
工集团股份有限公司主编 . — 北京：人民交通出版社股
份有限公司, 2025. 3. — ISBN 978-7-114-20284-1

Ⅰ. U213.6

中国国家版本馆 CIP 数据核字第 2025X9T136 号

标准类型：**中国铁建股份有限公司企业标准**
标准名称：**山地轨道交通齿轨道岔制造技术条件**
标准编号：**Q/CRCC 33308—2024**
主编单位：中国铁建重工集团股份有限公司
责任编辑：李学会
责任校对：赵媛媛　刘　璇
责任印制：张　凯
出版发行：人民交通出版社
地　　址：（100011）北京市朝阳区安定门外外馆斜街 3 号
网　　址：http://www.ccpcl.com.cn
销售电话：（010）85285857
总 经 销：人民交通出版社发行部
经　　销：各地新华书店
印　　刷：北京武英文博科技有限公司
开　　本：880×1230　1/16
印　　张：2
字　　数：56 千
版　　次：2025 年 3 月　第 1 版
印　　次：2025 年 3 月　第 1 次印刷
书　　号：ISBN 978-7-114-20284-1
定　　价：20.00 元

（有印刷、装订质量问题的图书,由本社负责调换）